AF470172

ÉTUDE

SUR

BERNARD PALISSY

PAR

O. MURAY

PRÉSIDENT DU TRIBUNAL CIVIL DE LOUDUN

MEMBRE DE LA SOCIÉTÉ DES ÉTUDES HISTORIQUES.

AMIENS

IMPRIMERIE DELATTRE-LENOEL

32, RUE DES RABUISSONS, 32.

1879

ÉTUDE

SUR

BERNARD PALISSY

PAR

O. MURAY

PRÉSIDENT DU TRIBUNAL CIVIL DE LOUDUN

MEMBRE DE LA SOCIÉTÉ DES ÉTUDES HISTORIQUES.

AMIENS

IMPRIMERIE DELATTRE-LENOEL

32, RUE DES RABUISSONS, 32.

1879

ÉTUDE

BERNARD PALISSY

Les Lettres et les Arts avaient trouvé dans le pape Léon X un protecteur éclairé ; sa cour était habitée par tout ce que l'Italie possédait de littérateurs, de poëtes, d'artistes distingués ; il rendait la liberté à Machiavel ; il accueillait Michel Ange, et encourageait les talents d'André del Sarto, et de Léonard de Vinci. Digne enfant des Médicis, et suivant les traces de son père, Laurent le Magnifique, il honorait les grands hommes de son amitié et de ses bienfaits, et méritait ainsi de donner son nom à cette époque glorieuse où l'Italie comptait des écrivains tels que l'Arioste et Guichardin, et des artistes comme Raphaël, Jules Romain, Le Titien, Le Corrège.

François Ier voulut que la France participât à cette renaissance des Lettres et des Arts ; il enleva à l'Ecole florentine Léonard de Vinci, qui mourut en 1519 dans les bras du roi ; Benvenuto Cellini fut chargé de l'exécution de plusieurs grands travaux ; Le Primatice, deux fois appelé d'Italie, continua le château de Fontainebleau, commencé par Le Rosso ; il traçait en même temps le plan du château de Chambord ; André del Sarto quittait également Rome et faisait en France le portrait du Dauphin, alors que le Titien faisait celui du Roi. Près de ces noms illustres, brillaient aussi d'éminents artistes français : Pierre Lescot commençait le vieux Louvre en 1541 ; puis il bâtissait la fontaine des Innocents dont les sculptures étaient confiées à Jean Goujon ; la Sainte Chapelle était ornée des statues de Germain Pilon ; Philibert Delorme construisait la partie la plus ancienne des Tuileries, et Jean Cousin se faisait admirer à la fois comme peintre et comme sculpteur.

C'est au milieu de cette société d'élite, au moment de la renaissance du goût et du beau, que naquit sur la terre de France, Bernard Palissy, le créateur des émaux, l'artiste éminent qui devait, au prix des plus généreux sacrifices, et malgré les difficultés et les obstacles de tout genre, augmenter le nombre des illustrations de son pays et devenir une de ses gloires les plus pures.

Ouvrier en terre, et inventeur des rustiques figulines du Roy, ainsi s'intitulait celui que Lacroix du Maine, son contemporain, admirait comme un philosophe naturel, et un homme d'un esprit merveilleusement prompt et aigu ; celui que plus tard Fontenelle proclamait le plus grand physicien que la nature eût formé ; celui enfin dont Lamartine a dit : « Il est impossible, après avoir lu ses écrits, de ne pas proclamer le pauvre ouvrier d'argile comme un des plus grands écrivains de la langue française ; Montaigne ne le dépasse pas en liberté ; J. J. Rousseau, en sève ; La Fontaine, en grâce ; Bossuet en énergie lyrique. »

M. Villemain exprime la même admiration dans son cours de littérature française : « La France, dit-il, eut dès lors la gloire de produire des observateurs de la nature qui voyaient et pensaient par eux-mêmes, tels que Belon, le savant voyageur, un des écrivains les plus expressifs de notre vieille langue descriptive ; et Bernard de Palissy, ce pauvre potier, sans éducation et sans lettres, qui par ses essais opiniâtres parvint à fabriquer le plus bel émail, conçut les premières théories sur l'état antérieur du globe, et écrivit avec génie l'histoire de ses souffrances et de ses découvertes. »

La ville de Saintes revendique l'honneur d'avoir donné le jour à Bernard de Palissy, vers l'année 1505 : c'est l'opinion de M. Hervé, dans ses nouvelles géologiques ; de Lesson, dans ses fastes historiques, et de Lallemand, dans son dictionnaire géographique.

Nous ne pensons pas que la Saintonge ait vu naître le grand artiste ; il a certainement vécu de longues années dans cette belle province, ainsi que nous le verrons, et ses écrits sont remplis de détails sur la ville et le pays de *Xaintes* ; mais aucun passage de ses livres ne peut laisser supposer qu'il y soit né.

Nous nous rangeons à l'avis des historiens qui placent le berceau de Bernard Palissy à la Capelle Biron, village de l'Agénais (Lot-et-Garonne).

Son père était tuilier et potier ; il eut pour maîtres dans la lecture, l'écriture, le dessin et la géométrie, les religieux Bernardins de Montpazier, petite ville de la Dordogne, distante de 6 kilomètres du four de son père ; vers l'âge de 15 à 16 ans il travailla d'abord avec celui-ci ; puis il entra comme *apprenti verrier*, chez ses voisins, MM. de Latour, dont les descendants furent annoblis plus tard par Henri IV, sous le nom de *gentilshommes verriers*, pour les progrès qu'ils avaient fait faire à leur industrie. — Il résulte des recherches faites par l'honorable curé de la Capelle Biron, M. Léopold Bordes, qui a bien voulu nous en faire bénéficier, que le dernier des descendants de la famille des Latour est mort en 1871, à l'âge de 96 ans ; ce vieillard vénérable avait perpétué dans le pays le souvenir de Palissy, souvenir qu'il devait, disait-il, aux traditions de ses ancêtres.

D'après ces traditions, Palissy aurait travaillé pendant un an seulement à la verrerie Latour, et serait revenu près de son père continuer l'état de potier. On voit encore au lieu dit la tuilerie de Béraille le four de Palissy, et l'ouverture de la voûte apparait au milieu des ronces ; à côté de ce four on trouve également une grande quantité d'argile figuline, ce qui le mettait à même d'exercer facilement son art.

Il parait constant que Palissy aurait obtenu dans le four des Latour ses premiers résultats pour l'émail, n'ayant pu réussir dans le sien ; qu'ensuite il aurait transporté les pièces ainsi obtenues au village de St Marcermin, près Biron, où il leur donna les premières empreintes de ses expérimentations. Il s'y serait construit un four semblable à celui des verriers chez lesquels il avait réussi ; mais ce four trop fortement chauffé creva, détruisant les essais de l'artiste qui, ruiné par ce désastre, quitta Biron, se rendit à Agen, où il travailla comme potier, et plus on ne le revit dans le pays. C'est alors qu'il commença les voyages d'études et d'observations dont nous aurons à parler.

Toutes les investigations tendant à retrouver quelque document relatif à la naissance de Palissy ont été inutiles ; mais une circonstance précieuse à noter est la présence à la Capelle, dans plusieurs maisons et notamment au château du Maréchal de Biron, d'un grand nombre de pièces faites à Béraille et qui sont considérées comme les premières ébauches du potier. — Ajoutons enfin que d'après M. de Saint-Amans

— 4 —

(Mémoires de la Société des Antiquaires) il existait encore en 1820, aux environs de Biron, une famille de Palissy.

Nous sommes entrés dans ces détails, au sujet desquels nous tenons à remercier tout particulièrement M. l'abbé Bordes, parce que, suivant nous, ils sont de nature à dissiper les derniers nuages qui entouraient le berceau du célèbre artiste. Il n'est enfant, ni de la Saintonge, ni du Périgord, mais de l'Agénais.

Il ne resta pas longtemps, ainsi que nous l'avons vu, au lieu de sa naissance. Il consacra plusieurs années de sa jeunesse à faire son tour de France, usage alors universellement suivi par les Artisans. Cet esprit curieux d'apprendre devait plus qu'aucun autre, demander aux voyages, à l'observation des faits, à l'étude de la nature, les éléments de la science dont le besoin le dévorait. Il a dit qu'il n'avait *point eu d'autre liure que le ciel et la terre, lequel est conneu de tous, et est donné à tous de connoistre et lire ce beau liure.* »

C'est vers le Midi qu'il dirigea d'abord ses pas, et nous trouvons dans les traités qu'il nous a laissés, sinon son itinéraire exact, du moins la mention des lieux qui ont particulièrement fixé son attention ; La Guienne, le Languedoc, la Provence furent par lui visités. — Les bords du Tarn et du Lot, l'Armagnac l'arrêtèrent assez longtemps. — Il séjourna à Tarbes ; *Je me suis tenu,* dit-il, *quelques années à Tarbes, principale ville de Bigorre, et j'ai vu plusieurs malades aller ausdits bains, qui sont revenus autant malades qu'ils estoyent auparavant.* »

Nous le retrouvons à Bigorre : Je n'ai jamais veu venir estranger au pays de Bigorre, ajoute-t-il, pour y habiter, que bien tost après n'ayt pris les fièures ; l'on voit audit pays grand nombre d'hommes et femmes qui ont la gorge grosse comme les deux poings. » — Et ce fait que l'on peut encore constater aujourd'hui, il l'explique par la froidure des eaux, ou par les minéraux sur lesquels elles ont passé.

Cauterets, Bagnères, et les principales stations des Pyrénées, furent également visitées par Palissy, et la vertu médicale de leurs eaux attira son attention ; nous venons de voir en quels termes il raillait les eaux de Bigorre ; sa verve se donnera de nouveau carrière quand il dira son avis sur les sources de Spa.

Quittant les Pyrénées, il remonte à Narbonne, à Avignon, à Nimes ; il n'a garde d'oublier le pont du Gard : « ledit pont est une œuvre admirable ; car pour venir depuis le bas des montaignes iusques à la sommité d'icelles, il a fallu édifier trois rangs d'arcades, l'une sur l'autre, et sont lesdites arcades d'une hauteur extraordinaire , et construites en pierre de merveilleuse grandeur » (discours admirables p. 145).

Après le Languedoc, Palissy parcourt la Provence, la Savoie, la Bourgogne : « Les Bourgongnons, dit-il, s'ils eussent conneu que le sel fût ennemi de nature humaine, n'eûssent ordonné de mettre du sel dans la bouche des petits enfants quand on les baptise, et on ne les appellerait pas *Bourgongnons salez*, comme l'on fait. » (discours, p. 247).

Les eaux de Spa étaient déjà en honneur ! « Il n'est pas jusqu'aux femmes stériles qu'elles n'y aillent, afin de concevoir. Mais, ajoute-t-il, si les eaux de Spa pouvaient causer une conception aux femmes, elles feroient de beaux miracles. Je scay bien que plusieurs y sont allées boire de ladite eau qui eûssent eu plus de proufit de boire du vin. »

L'intrépide explorateur parcourt encore les provinces rhénanes, les Pays Bas, la Flandre, puis l'Anjou, la Touraine, la Bretagne et le Poitou.

Ces voyages, qui paraissent avoir duré 5 années, de 1525 à 1530, et pendant lesquels il tirait parti de tout ce qui frappait ses regards, étudiant la minéralogie et la géologie dans les montagnes, méditant, scrutant, comparant toutes choses dans les villes, dans les champs, sur le bord des rivières, pénétrant dans les cabinets des savants, dans les laboratoires des chimistes, ces voyages, disons nous, ornèrent son esprit attentif et observateur, de ces connaissances variées qui sont un des caractères particuliers de son génie.

Vers 1535 nous le trouvons fixé à Saintes, où il demeura jusqu'en 1566, et c'est là, dans cette patrie d'adoption, qu'eurent lieu les patients essais, les merveilleuses recherches qui amenèrent Palissy à la création de l'émail.

Jusqu'alors il avait vécu de ses trois professions de géométre, imagier et vitrier. Et il en vivait péniblement. « Je n'avais pas beaucoup de biens, mais j'auois des moyens que tu n'as pas, dit-il à son interlocuteur *Théorique* dans son *Art de Terre* (p. 309), car j'auois la pourtraiture. L'on pensoit en nostre pays que je fusse plus sçavant en l'art de peinture que je n'estois qui causoit que iestois souvent appelé pour faire des figures pour les procès. Or, quand iestois en telles commissions, iestois très bien payé ; aussi ai-je entretenu long temps la vitrerie, jusques à ce que j'aye été asseuré pouuoir uiure de l'art de terre. »

Mais la vitrerie n'était pas au XVI° siècle ce qu'elle est au XIX° ; les vitriers d'alors, Palissy nous le dit lui-même, faysoient des figures ès vitreaux des temples, et peygnoient les dittes figures.

Il se maria à Saintes, et y fonda une nombreuse famille ; il raconte qu'il y perdit six enfants, et qu'il avait toujours deux enfants aux nourrices : J'étois chargé de femme et d'enfants. »

Sa situation était alors extrêmement précaire, plus voisine de la misère que de l'aisance, et cette pauvreté ne fut pas un des moindres obstacles qui se dressèrent devant lui, quand il entreprit ses essais d'émail. Il nous a laissé dans un style d'une inimitable naïveté et d'une grâce charmante, le récit de tous les déboires, de toutes les difficultés qui l'assaillirent à ce moment. Mais avant même ces glorieuses tentatives qui augmentèrent sa gêne par les dépenses qu'elles lui imposèrent, et sans sortir de la période de sa vie que nous étudions maintenant, les charges de sa famille, et sans douté aussi les caprices de sa nature d'artiste remplissaient sa modeste demeure de privations et d'angoisses : J'ay apprins, nous dit-il, l'alchimie avec les dents ; ailleurs il déclare qu'il ne faut point trouver estrange qu'il n'ait pas joint à son livre « la recepte véritable » le pourtrait du jardin qu'il y décrit, ni aussi de la Ville de forteresse qu'il a si originalement imaginée : « Mon indigence et l'occupation de mon art ne l'a voulu permettre. »

Sa pauvreté, il l'avait gravée sur son cachet, et il gémissait des obstacles qu'elle amoncelait sous ses pas ! *Poureté empesche les bons espritz de parvenir*, devise à laquelle il a donné lui-même un si éclatant démenti !

Palissy était dépourvu d'instruction première ; ce point qui a été contesté par certains biographes, ne peut être douteux. Il nous l'atteste à chaque page de ses ouvrages : « Je ne suis ne grec, ne hebrieu, ne poëte, ne rhétoricien, ains un simple artisan, bien pauurement instruit aux lettres (recepte véritable, p. 5). — « N'aye point esgard, dit-il à son lecteur, à la petitesse et abjecte condition de l'autheur, ni aussi à son langage rustique et mal orné. » « Je scay bien, écrit-il au sire de Ponts, en lui dédiant ses discours admirables de la nature des Eaux et fontaines, qu'aucuns se moqueront, en disant qu'il est impossible qu'un homme destitué de la langue latine puisse avoir intelligence des choses naturelles. »

Mais il savait lire et écrire, et il lisait ; il nous parle de ses lectures de Plutarque, de Pline, des livres des historiens ; l'étude de la mythologie lui suggère des pensées philosophiques pleines de naïveté et d'intérêt : Cerès s'aduisa de semer et cultiver le bled, et a été appelée déesse ; Bacchus homme de bien (non point yurongne, comme les peintres le font), fut exalté, parce qu'il s'aduisa de planter et cultiver la vigne ; mais Bacchus avait bien trouvé du raisin sauvage, Cerès avait bien trouvé du bled sauvage ; mais cela ne suffisait pas pour les nourrir suavement, comme quand les choses furent transplantées ; nous connaissons par là que Dieu veut que l'on travaille, pour aider à nature. »

Deux pièces extraites des Archives de l'Echevinage de Saintes ont permis d'établir que la demeure et l'atelier de Palissy étaient situés sur le quai des Recollets de cette ville ; nous reproduisons ces documents intéressants tels qu'ils ont été publiés dans le recueil des délibérations de la Société archéologique de Saintes, séance du 10 février 1843, par les soins de M. Dangibaud :

EXTRAIT

DU REGISTRE DES DÉLIBÉRATIONS DE LA SOCIÉTÉ ARCHÉOLOGIQUE DE SAINTES.

Séance du 10 février 1843.

Mémoire de M. DANGIBAUD, Juge, sur la maison et l'atelier de Palissy.

.... Suivant M. Dangibaud, cette maison que l'on croyait avoir existé au faubourg des Roches, doit être cherchée en aval du pont, et sur la ligne des anciennes fortifications, comme il résulte de deux pièces extraites des Archives de l'Echevinage sous la rubrique du .... mars 1576 et 31 décembre 1575.

Au mois de mars 1576, un sieur de Launay rédigeait la supplique suivante :

« A nos Seigneurs les Maires et Echevins de la ville de Saintes :
» Bastien de Launay vous remonstre que par cy devant vous auriez
» donné et arrenté audict de Launay une place et tour *sise près la*
» *maison de Maître Bernard Pallicy*, pour le prix et somme de cinq
» souls de rente que ledict suppliant a toujours payé depuis ledict
» arrentement jusqu'à présent à la recepte de ladicte Maison Com-
» mune, fors depuis quelque temps en ça qu'il aurait cessé de payer
» ladicte rente, *au moyen de ce que ledit Maistre Bernard a occupé*
» *ledict place et tour pour l'estendue* de son œuvre, comme ung chais-
» cungt sçayt .... et cependant et devant laquelle occupation par ledit
» Maistre Bernard faicte comme dict est, Monseigneur le Sénéchal,
» par provision et jusqu'à ce que ledict œuvre fust enlevé de ladicte
» Ville et bien occupé, aurait baillé à icelui suppliant une autre tour
» appelée vulgairement la tour du Bourreau pour l'exercice et vacation
» de l'art dudict suppliant, laquelle tour il aurait ce néanmoings ra-
» coustrer à ses propres coustz et dépens, d'aultant que durant les
» troubles elle était tombée en ruyne, et *d'aultant qu'à présent ladicte*
» *œuvre dudict Maistre Bernard est parachevée* .... et que ladicte place
» demeure inutile et de laquelle aulcung n'en payerayt rente ; ce
» considéré, il vous plaise de vos grâces et que le reveeu de ladicte
» ville ne soit diminué, continuer ledict suppliant à payer ladicte
» rente, et ce faisant, le rétablir dans ladicte tour et place. »

Le 31 décembre 1575, M. de la Chapelle, lieutenant pour le roi au pays de Saintonge, réglait par une ordonnance le service pour la garde de la Ville entre les habitants et les soldats de la garnison, et il disait :

« Les 3 capitaines des soldats pouseront leurs gardes tous les soirs,
» savoir est : Ung à la porte Esguierre qui attendra les sentinelles,
» et les mettra depuis la tour de l'Espingelle jusqu'à la tour qui est

» entre le corps de garde et la Cresche *appelée la tour de Maistre*
» *Bernard* . . . .

C'est dans cette maison qu'ont eu lieu ces patientes tentatives, ces recherches persévérantes du célèbre potier, qu'il nous a racontées lui-même dans son livre de l'*Art de terre*. Et nous ne résistons pas au désir de reproduire ces pages admirables dans lesquelles le grand artiste expose avec une simplicité et un charme inimitables ses tâtonnements, ses angoisses et ses désespoirs :

« Sçaches qu'il y a vingt et cinq ans passés qu'il ne me fut montré une coupe de terre, tournée et esmaillée d'une telle beauté que dès lors j'entray en dispute avec ma propre pensée, en me rememorant plusieurs propos, qu'aucuns m'auoyent tenus en se mocquant de moy, lorsque je peindois les images. Or voyant que l'on commençoit à les délaisser au pays de mon habitation, aussi que la vitrerie n'auoit pas grande requeste, je vay penser que si j'auois trouué l'inuention de faire des esmaux je pourrois faire des vaisseaux de terre et autre chose de belle ordonnance, parceque Dieu m'auoit donné d'entendre quelque chose de la pourtraiture ; et dès lors, sans auoir esgard que je n'auois nulle connoissance des terres argileuses, je me mis à chercher les esmaux, comme un homme qui taste en tenesbres. Sans avoir entendu de quelles matières se faisoyent lesdits esmaux, je pilois en ces jours-là de toutes les matières que je pouuois penser qui pourroyent faire quelque chose, et les ayant pilées et broyées, j'achetois une quantité de pots de terre, et après les auoir mis en pièces, je mettois des matières que j'auois broyées dessus icelles, et les ayant marquées, je mettois en escrit à part les drogues que j'avois mis sus chacune d'icelles, pour mémoire ; puis ayant faict un fourneau à ma fantasie, je mettois cuire lesdites pièces pour voir si mes drogues pourroyent faire quelques couleurs de blanc ; car je ne cherchois d'autre esmail que le blanc ; parceque j'auois ouy dire que le blanc estoit le fondement de tous les autres esmaux. Or par ce que je n'auois jamais veu cuire terre, ni ne sçavois à quel degré de feu ledit esmail se deuoit fondre, il m'estait impossible de pouuoir rien faire par ce moyen, ores que mes drogues eussent été bonnes, parcequ'aucune fois la chose auoit trop chaufé et autrefois trop peu, et quand lesdites matières estoyent trop peu cuites ou bruslées, je ne pouuois rien juger de la cause pourquoy je ne faisois rien de bon, mais en donnois le blasme aux matières, combien que quelquefois la chose se fust peut estre trouvé bonne, et pour le moins j'eusse trouué quelque indice pour parvenir à mon intention, si j'eusse peu faire le feu selon que les matières le requeroyent: mais encores en ce faisant je commettois une faute plus lourde que la susdite : car en mettant les pièces de mes espreuves dedans le fourneau, je les arrangeois sans considération ; de sorte que les matières eussent esté les meilleures du monde et le feu le mieux à propos, il étoit impossible de rien faire de bon. Or m'étant ainsi abuzé plusieurs fois, avec grand frais et labeurs, j'étois tous les jours à piler et broyer nouvelles matières et construire nouveaux fourneaux, avec grande despense d'argent et consommations de bois et de temps.

« Quand j'eus bastelé plusieurs années ainsi imprudemment, avec tristesse et soupirs, à cause que je ne pouuois parvenir à rien de mon intention, et me souuenant de la despense perdue, je m'auisay pour obvier à si grande despence d'enuoyer les drogues que je voulois approuuer à quelque fourneau de potier ; et ayant conclud en mon esprit telle chose, j'achetay de rechef plusieurs vaisseaux de terre, et les ayant rompus en pièces, comme de coustume, j'en couvray trois ou quatre cent pieces d'esmail, et les envoyay en une poterie distante d'vne lieue et demie de ma demeurance, avec requeste envers les potiers qu'il leur pleust permettre cuire les dittes espreuves dedans aucuns de leurs vaisseaux. Ce qu'ils faisoyent volontiers : mais quand ils auoyent cuit leur fournée et qu'ils venoyent à tirer mes espreuves, je n'en receuois que honte et perte, parce qu'il ne se trouuait rien de bon, à cause qne le feu desdits potiers n'estoit assez chaut, aussi que mes espreuves n'estoyent enfournées au devoir requis selon la science; et parce que je n'auois connoissance de la cause pourquoy mes espreuves ne s'estoyent bien trouuées, je mettois (comme j'ai dit cy dessus) le blasme sur les matières : de rechef je faisois nombre de compositions nouvelles, et les enuoyay aux mêmes potiers, pour en vser comme dessus : Ainsi fis-je par plusieurs fois, tousiours avec grands frais, perte de temps, confusion et tristesse. »

Quelle était cette coupe de terre *esmaillée*, cette coupe merveilleuse, cause inconsciente des travaux du grand potier, et à laquelle nous sommes un peu redevables des chefs-d'œuvre qu'il a créés? D'où venait-elle? Cette question a préoccupé l'esprit des biographes et des chroniqueurs; leur sagacité s'est exercée à en rechercher l'origine.

L'Email, ce vernis coloré par des acides métalliques, fixé par un mélange d'étain, l'émail est fort ancien : Les Hébreux, les Phéniciens l'ont connu ; des vases trouvés à Ninive, à Babylone, en Perse et en Arabie, nous le montrent employé dès les temps les plus reculés ; Rome et la Gaule en ont fait usage. Au commencement du XVIe siècle, Lucca Della Robia faisait de la céramique artistique ; *Faenza* notamment avait ses ateliers de poterie; de là viendrait même, selon certains critiques, le mot *faïence.*

Cette coupe, qui a fixé l'attention de Palissy, venait-elle d'Italie ? Etait-elle allemande, comme quelques uns l'ont pensé ? L'aurait-il admirée à Agen, chez Antoine de la Rovère, évêque de cette ville, qui avait pendant longtemps habité la Toscane ? Se serait-elle trouvée renfermée dans le navire capturé en 1542 par des corsaires Rochelais, dans lequel on a découvert plusieurs coupes de Venise, dont la beauté fut si remarquée par François Ier qu'il en retint une grande partie pour lui ? cette dernière hypothèse est peu admissible, puisqu'il parait démontré que le vase émaillé dont parle Palissy était sous ses yeux dès l'année 1540. On peut supposer que ce vase était romain, qu'il avait été trouvé dans le sol saintongeais, qui a livré à ses explorateurs un grand nombre d'objets précieux remontant à la domination du peuple Roi.

Enfin, le sentiment de M. Louis Audiat, dans sa remarquable étude sur Bernard Palissy, sa vie et ses travaux, est que cette coupe brillante venait d'Italie d'où elle avait été envoyée au sire de Pons qui s'était marié à Ferrare en 1533, Anthoine de Pons, l'un des protecteurs de Palissy, à qui fut dédié le traité des Eaux et fontaines.

C'est ici que se place la mission donnée à Palissy de dresser le plan des marais salants de la Saintonge.

L'impôt sur le sel, ou gabelle, qui remontait déjà à plus de trois siècles, puisqu'on le voit mentionné dans une ordonnance de Louis IX de 1246, soulevait de la part des populations les protestations les plus vives.

Le droit de Gabelle ne pesait pas alors sur le Poitou, la Saintonge, le gouvernement de la Rochelle, les îles de Ré et de Marans, où le Roi prenait seulement le *quart-denier* de la vente, qui était cinq sous par livre ; ce quart-denier avait été récemment augmenté de deux sous six deniers par livre, et s'appelait alors le droit de *quart et demi* ; et un vieux chroniqueur, Jean Bouchet, nous apprend dans ses annales d'Aquitaine que les deniers procédant de la crue desdits droits de sel étaient employés au paiement des Présidents, Conseillers et officiers des Cours de Parlement du Royaume.

Cependant François Ier était à Châtellerault, au milieu des fêtes somptueuses célébrées à l'occasion du mariage du duc de Clèves et de la Princesse de Navarre. — C'est là qu'il publia son édit fameux sur les salines des pays maritimes de l'Ouest, aux termes duquel ils devaient subir et payer, comme toutes les autres villes du Royaume, le lourd impôt de la gabelle.

Mais lorsque le Roi voulut « faire prendre, saisir, et mettre en sa main tout le sel estant ès salines, par certains commissaires à ce députés, pour établir un bon ordre, statut, ordonnance et déclaration de son vouloir sur ce », une explosion universelle de menaces et d'imprécations éclata sur tout le littoral de l'océan contre la nouvelle mesure fiscale qui venait frapper la plus importante et presque l'unique industrie de ces pays maritimes. « Ceux de Poitou, Saintonge, gouvernement de la Rochelle et des îles y adjacentes furent mal contens, voire contredisans d'obéir auxdites ordonnances, disant que le sel leur coûtait presque deux fois autant qu'il avait accoutumé. » (Bouchet, loc. cit.)

Les troupes envoyées à La Rochelle ne purent apaiser la sédition ; et François Ier, qui était alors à Montpellier, se transporta lui-même dans la ville révoltée, et lui fit grâce. « Je pense disait-il au moment de se séparer du Corps de ville, avoir gaigné vos cœurs ; et foi de gentilhomme, je vous assure que vous avez gaigné le mien » (hist. de Saintonge, par Massiou, t. 3) —

Les commissaires envoyés en Saintonge pour l'établissement de la gabelle trouvèrent Palissy au milieu du découragement qui avait suivi ses premiers essais : n'ayant pu découvrir le secret de l'émail, il avait repris son métier d'arpenteur. Il fut chargé de dresser le plan des marais salants du pays. Les voyages qu'il dut faire de Saintes à la mer pour remplir sa mission, et son séjour sur les bords de l'océan furent pour lui l'occasion de nouvelles observations et de curieuses études dont il nous a donné le résumé dans ses *discours admirables.*

Son travail terminé, Palissy retourna à son atelier de potier et se remit à la recherche de l'émail ; écoutons le récit de ses nouveaux efforts, (page 313) —

« Je rompi environ trois douzaines de pots de terre tout neufs, et ayant broyé grande quantité de diverses matières, je couvrais tous les lopins desdits pots desdites drogues couchées avec le pinceau ; mais il te faut entendre que de deux ou trois cents pièces, il n'y en avait que trois de chacune composition : Ayant ce fait, je prins toutes ces pièces et les portay à une verrerie, afin de voir si mes matières et composi- tions se pourroyent trouver bonnes au four desdites verreries. Or, d'autant que leurs fourneaux sont plus chauds que ceux des potiers, ayant mis toutes mes espreuves dans lesdits fourneaux, le lendemain que je les fis tirer, j'aperceus partie de mes compositions qui avoyent commencé à fondre, qui fut cause que je fus encore davantage en- couragé de chercher l'esmail blanc, pour lequel j'avois tant trauaillé. »

Ces nouvelles épreuves durèrent deux années entières pendant les- quelles ce persévérant artiste portait ses essais aux fours des verriers, « tendant aux fins de parvenir à son intention. » Le courage allait l'abandonner, lorsqu'enfin un jour il trouva « une espreuve blanche et polie ; de sorte qu'elle lui causa une joye telle qu'il pensoit être reveuu nouvelle créature ; il pensoit dès lors auoir une perfection en- tière de l'esmail blanc. »

Mais cette joie fut de courte durée ; « l'espreuve était malheureuse en ce qu'elle n'estoit pas en doze ou mesure requise. » Ce succès partiel redoubla cependant le courage du patient et infatigable potier ; il voulut avoir un four semblable à celui des verriers ; mais avec quel indicible labeur il le construisit, sans aide, sans ressources ! « Il fallait dit-il, que je maçonnàsse tout seul, que je destrempàsse mon mortier, que je tiràsse l'eau pour la destrempe d'iceluy ; aussi me fallait moy même aller quérir la brique sur mon dos, à cause que je n'auois nul moyen d'entretenir un seul homme pour m'ayder en cest affaire. »

Ce n'était pas tout que de faire le métier de maçon et de voiturier;

il fallait préparer et broyer les matières, en couvrir ses vaisseaux, mettre le feu à ses fourneaux, et surveiller la cuisson; c'est ce qu'il fit, restant pendant six jours et six nuits devant son four, sans cesser de brusler bois par les deux gueules d'iceluy, comme il l'avait vu faire aux verriers. Vains efforts! Son émail ne fondit pas! Il était comme un homme désespéré.

Toutefois, il ne suspend pas son œuvre; mais cherchant la cause de son insuccès, et croyant la trouver dans ce que son émail ne contenait qu'une trop faible partie de la matière qui devait faire fondre les autres, il brise ces vases inutiles, en achète d'autres, compose un mélange nouveau, le pile, le broie, en couvre sa nouvelle acquisition et la confie à son four, dont il a eu soin de toujours continuer le feu en sa grandeur.

Mais l'argent lui faisait faute; il n'avait nul crédit; le bois lui manquait, son fourneau allait s'éteindre, et c'en était fait de tous ses efforts! Que faire? Ecoutons le courageux artiste:

« Sur cela il me survint un nouveau malheur, lequel me donna grande fascherie, qui est que le bois m'ayant failli, je fus contraint bruler les estapes (étais) qui soutenoient les tailles de mon jardin, lesquelles estant bruslées, je fus contraint brusler les tables et plancher de la maison.... J'estois tout tari et deseché à cause du labeur et de la chaleur du fourneau; il y auoit plus d'un mois que ma chemise n'auoit seché sur mon dos; encores pour me consoler, on se moquoit de moy, et mesme ceux qui me devoyent secourir, alloient crier par la ville que je faisois brusler le plancher; et par tel moyen l'on me faisait perdre mon crédit, et m'estimoit-on estre fol. »

D'autres disaient qu'il faisait de la fausse monnaie! Il n'osait sortir en ville, et traversait les rues tout baissé comme un homme honteux! Ses dettes s'accumulaient! Il avait habituellement deux enfants aux nourrices, dont il ne pouvait payer les salaires. Personne pour le secourir; — chacun se moquait de lui, disant qu'il méritait son misérable sort, puisqu'il avait délaissé son métier. —

« Cependant mes dernières espreuves s'estoyent assez bien portées, et quand je me fus reposé un peu de temps avec regrets de ce que nul n'auoit pitié de moy, je dis à mon âme: Qu'est-ce qui te triste, puisque tu as trouvé ce que tu cherchois? Travaille à présent et tu rendras honteux tes détracteurs. Mais mon esprit disoit d'autrepart, tu n'as rien de quoy poursuyvre ton affaire ; comment pourras-tu nourrir ta famille et acheter les choses requises pour passer le temps de quatre ou cinq mois qu'il faut auparavant que tu puisses jouir de ton labeur ? »

Dans cette lutte sublime entre son âme qui le relève et l'encourage, et son esprit qui lui conseille l'abandon de son œuvre, la victoire ne pouvait rester douteuse ; Palissy écouta les conseils de son âme, l'espérance ranima son courage, et sans s'émouvoir des critiques et des railleries de la foule, il se remit au travail. Pour gagner du temps, il s'adjoignit un potier connu et lui fit exécuter des vaisseaux selon son ordonnance. N'ayant nul moyen en sa maison, il le nourrissait en une taverne à crédit.

Six mois furent consacrés à la fabrication des vases. Le moment de la cuisson était arrivé. C'est alors que ne pouvant plus conserver la charge de ce potier, Palissy le congédia, et, faute d'argent, il lui donna quelques uns de ses vêtements pour son salaire. Resté seul, il avait à bâtir un nouveau four. Il ne lui manquait que les matériaux pour l'ériger ! Il démolit celui qui lui avait servi d'abord, « affin de se servir des estoffes de la dépouille d'iceluy. » Le feu avait liquéfié et vitrifié le mortier et la brique de ce fourneau, et « en le desmaçonnant, le maçon inexpérimenté eut les doigts coupez et incisez en tant d'endroits qu'il fut contrainlt de manger son potage, ayant les doigts enveloppez de drapeau. » Ce qui ne l'arrêta pas ! ses matériaux trouvés, sans aide, sans repos, il construisit son nouveau four, allant, comme déjà il l'avait fait, chercher son eau, son mortier et sa pierre.

Il espérait retirer de cette fournée quatre cents livres. — Hélas ! une déception d'un nouveau genre lui était réservée : « Le mortier de quoy j'avois massonné mon four estoit plain de cailloux, lesquels sentant la vehemence du feu se creverent en plusieurs pieces, faisans plusieurs pets et tonnerres dans ledit four. Or, ainsi que les esclats desdit cailloux sautoient contre ma besogne, l'esmail qui estoit desjà liquefié et rendu en matière glueuse, print lesdit cailloux et se les attacha par toutes les parties de mes vaisseaux et mesdailles, qui sans cela se fussent trouvez beaux ..... Je fus si marri que je ne te sçaurois dire, et non sans cause, car ma fournée me coutoit plus de six vingt

écus. J'avois emprunté le bois et les estoffes, et si auois emprunté
partie de ma nourriture en faisant laditte besongne. J'avois tenu en
espérance mes créditeurs qu'ils seroyent payes de l'argent qui pro-
viendroit des pièces de laditte fournée, qui fut cause que plusieurs
accoururent dès le matin quand je commençois à desenfourner. Dont
par ce moyen furent redoublées mes tristesses. »

Il paraît que ces poteries émaillées, malgré l'accident qui en altérait
la beauté, avaient conservé le cachet du grand artiste, car beaucoup de
ses voisins voulaient les acheter; mais ils exploitaient sa misère, en
même temps que les défauts que ces pièces présentaient, on les demandait à vil prix. Palissy ne se laissa pas tenter : c'eut été, dit-il, un
descriement et rabaissement de mon honneur ; je mis en pièces entiè-
rement le total de laditte fournée, et me couchay de mélancolie, non
sans cause, car je n'auois plus le moyen de subuenir à ma famille. je
n'auois en ma maison que reproches, au lieu de me consoler l'on me
donnait des maledictions. »

Palissy resta quelque temps au lit, abattu, meurtri, mais le regard
fermement fixé sur le but, qui se rapprochait. Il se remit à la peinture
sur verre, afin de se procurer quelques ressources, puis il retourna à
son fourneau. Au milieu de ses tâtonnements, il rencontrait chaque
jour quelque difficulté imprévue, quelque accident nouveau. Une fournée fut détruite par une pluie de cendres qui vint ternir l'éclat des
émaux ; il lui fallut inventer des lanternes de terre dans lesquelles il
enfermait ses vaisseaux pour les protéger ; et cette invention qu'il
trouva bonne, et dont il continua à faire usage, elle est encore appré-
ciée de nos jours : les lanternes du potier agénais servent toujours
sous le nom de *cazettes* ou de *manchons*.

« Bref, j'ay ainsi bastelé l'espace de quinze ou seize ans ; quand
j'auois appris à me donner garde d'un danger, il m'en survenait un
autre, lequel je n'eusse jamais pensé. »

Quinze ou seize années de recherches, de tentatives, sans ressources,
sans appui, sans soutien ni au dehors, ni dans sa demeure !

Au nombre des belles créations de Palissy, il faut compter ce qu'il
appelle ses *pièces* ou *bassins rustiques*, ouvrages sur lesquels il plaçait
des reptiles, des coquillages, des poissons en relief, avec leurs couleurs
naturelles. Ces vases lui donnaient plus de peines et d'ennui que ses

premières œuvres : les émaux variés qui recouvraient chacun des animaux n'étaient pas fusibles au même degré, de sorte que le vert des lézards était brulé avant que la nuance des serpents fût fondue ; et l'émail des serpents, des écrevisses, des tortues était en fusion, alors que le blanc n'avait reçu aucune beauté. Nouveau et difficile sujet d'études et de recherches.

« Toutes ces fautes, dit-il, m'ont causé un tel labeur et tristesse d'esprit, qu'auparavant que j'aye eu rendu mes esmaux fusibles à un même degré de feu, j'ay cuidé entrer jusques à la porte du sépulchre. Aussi en me trauaillant à tels affaires je me suis trouué l'espace de plus de dix ans si fort escoulé en ma personne, qu'il n'y avait aucune forme ni apparence de bosse aux bras ni aux jambes ; ains estoyent mes dittes jambes toutes d'une venue ; de sorte que les liens de quoy j'attachois mes bas de chausses estoyent, soudain que je cheminois, sur les talons avec le résidu de mes chausses.

Je m'allois souvent pourmener dans la prairie de Xaintes en considérant mes misères et ennuys .... toutes fois l'espérance que j'auois me faisoit procéder en mon affaire si virilement que plusieurs fois pour entretenir les personnes qui me venoyent voir, je faisais mes efforts de rire, combien que intérieurement je fusse bien triste. »

On s'est demandé si Palissy fut heureux ! Les extraits que nous venons de donner de son *Art de Terre* répondent à cette question ! Qu'on lise également, pour ne plus douter à cet égard, le tableau qui suit, récit de sa vie rempli de naïveté, de grandeur et d'éloquence, et l'un des plus précieux morceaux qui nous reste de la langue française au XVIe siècle :

« Je poursuivis mon affaire de telle sorte que je recevois beaucoup d'argent d'une partie de ma besongne ; mais il me survint une autre affliction conquétanée avec les susdites, qui est que la chaleur, la gelée, les vents, pluyes et goutières me gastoyent la plus grande part de mon œuvre, auparavant qu'elle fut cuitte : tellement qu'il me fallut emprunter charpenterie, lattes, tuiles et cloux, pour m'accommoder. Or, bien souvent n'ayant point de quoy bastir, j'estois contraint m'accommoder de liarres (lierres) et autres verdures. Or ainsi que ma puissance s'augmentoit, je défaisois ce que j'avois fait, et le batissois un peu mieux : qui faisoit qu'aucuns artisans, comme chaussetiers, cordonniers, sergens et notaires, un tas de vieilles, tous ceux cy sans avoir esgard que mon art ne se pouvoit exercer sans grand logis, disoyent que je ne faisois que faire et desfaire, et me blasmoyent de ce qui les devoit inciter à pitié, attendu que j'estois contraint d'employer les choses nécessaires à ma nourriture, pour ériger les commodités requises à mon art. Et qui pis est, le motif desdites mocqueries et persecutions sortoit de ceux de ma maison, lesquels estoyent si esloingnés de raison, qu'ils vouloient que je fisse la besongne sans outis, chose plus que déraisonnable, Or d'autant plus que la chose estoit déraisonnable, de tant plus l'affliction m'estoit extrème. J'ay esté plusieurs années que n'ayant rien dequoy faire couurir mes fourneaux, j'estois toutes les nuits à la mercy des pluyes et vents, sans avoir aucun secours aide ni consolation, sinon des chatshuants qui chantoyent d'un costé, et les chiens qui hurloient de l'autre ; parfois il se levoit des vents et des tempestes qui souffloyent de telle sorte le dessuz et le dessouz de mes fourneaux, que j'estois contraint de quitter là tout, avec perte de mon labeur ; et me suis trouué plusieurs fois qu'ayant tout quitté, n'ayant rien de sec sur moy, à cause des pluyes qui estoyent tombées, je m'en allois coucher à la minuit ou au point du jour, accoustré de telle sorte comme un homme que l'on aurait trainé partous les bourbiers de la ville ; et en m'en allant ainsi retirer, j'allais bricollant sans chandelle, et tombant d'un costé et d'autre, comme un homme qui seroit yure de vin, rempli de grandes tristesses : d'autant qu'après auoir longuement trauaillé, je voyois mon labeur perdu. Or en me retirant ainsi souillé et trempé je trouuais en ma chambre une seconde persécution pire que la première, qui me fait à présent esmerveiller que je ne suis consonmé de tristesse. »

Les quinze ou seize années dont parle Palissy qu'il a si courageusement employées aux recherches et à l'étude de son art s'étendent de 1540 à 1555. C'est dans cette période que se placent les troubles suscités par l'établissement de l'impôt de la gabelle, à raison desquels François Ier fit le voyage de la Rochelle dont nous avons fait connaître le résultat heureux.

Mais si cette tentative de révolte avait été facilement comprimée, il en fut autrement des séditions que provoquèrent les exactions des

traitants et des sous-traitants. En 1548, la Saintonge, la Guyenne et le
Poitou étaient en pleine insurrection. Les paysans se soulèvent sous
le nom de *Pitoux* (piteux, gens de rien) ; et commandés par le sire
de Puymoreau, ils se dirigent au nombre de 16,000, vers la ville de
Saintes, massacrant les collecteurs, et répandant autour d'eux, au cri
de *Mort aux Gabeloux*, la dévastation, l'incendie et le pillage. Saintes
ne crut pouvoir résister à une si grande multitude de gens, et ouvrit
ses portes. L'hôtel du lieutenant général de la gabelle et les maisons
des agents de l'impôt furent mis à sac, et leurs habitants mis à mort,
sans respect pour le sexe ni pour l'âge. La ville de Cognac, qui voulut
refuser de recevoir cette horde effrénée, fut également pillée.

L'armée de Puymoreau, à ce moment composée de plus de 50,000
rebelles, se dirigea sur Bordeaux, dont les portes lui furent ouvertes
par la multitude révoltée ; pendant plusieurs jours, cette grande cité
fut livrée au plus affreux carnage.

Henri II était à Turin, lorsqu'il apprit ces désordres. Le jeune Roi,
voulant éviter l'emploi de la force, et malgré les conseils du vieux Connétable Anne de Montmorency, dépêcha en Guyenne le Sieur de Sainte-
Foy porteur de lettres engageant les insurgés à rentrer dans le devoir,
promettant le redressement des griefs, et menaçant de sévères châtiments ceux qui persisteraient dans leur rébellion. Ces lettres, publiées
à Bordeaux, à Saintes, à Angoulême, produisirent l'effet que Henri II
en attendait, et l'effervescence des paysans se calma.

Cependant le Connétable de Montmorency tira une vengeance éclatante des actes séditieux qui avaient ensanglanté la Guienne et la
Saintonge : trouvant l'action de la justice trop douce et trop peu
rapide, il fit couvrir de gibets et de potences la ville de Bordeaux, et
y sema l'épouvante par l'appareil des plus affreux supplices. Après
avoir jeté le deuil dans toute la Guienne, le cruel Connétable, assisté
de Maître Jehan Baron, son grand Prévôt, et suivi de ses lansquenets
allemands, dirigea ses troupes vers le Périgord, l'Angoumois et la
Saintonge, châtiant sans pitié ni merci les cités qui avaient pris part à
la sédition, condamnant en masse et sans jugement un grand nombre
d'habitants qui furent massacrés au milieu des plus horribles supplices.

Les chefs subalternes de la révolte furent coiffés de couronnes de fer rougies au feu, en témoignage de la royauté qu'ils s'étaient attribuée, puis rompus sur la roue, nouveau genre d'exécution employé en France.

Puymoreau, vu son titre de gentilhomme, fut décapité. — Quant aux villes qui avaient pris part à cette levée d'armes, leurs chartes furent brulées, leurs hôtels de ville détruits, leurs cloches brisées, leurs privilèges, franchises, conseils, justices et juridiction à jamais supprimés.

La paisible et riante cité où Bernard Palissy se livrait avec énergie à ses recherches sur l'émail était plongée dans la plus vive inquiétude; elle avait fourni un contingent important aux bandes révoltées. Plus de six à sept mille hommes avaient quitté ses murs et étaient allés allumer le grand feu de sédition à Bordeaux : c'étaient des prêtres, des chantres, des clercs du palais ou bazochiens, des marchands et artisans.

Au bruit des exécutions et des châtiments ordonnés par le duc de Montmorency, la consternation fut générale dans la capitale de la Saintonge. Les appréhensions devinrent plus grandes encore lorsqu'on apprit, en novembre 1548, l'approche de la compagnie des Lansquenets du Maréchal de Saint André, commandés par le sieur de Vieilleville.

Était-il le ministre des vengeances du farouche Connétable ? Venait-il pour rechercher et frapper les complices de la révolte ? L'effroi fut tel qu'un grand nombre d'habitants de Saintes, bourgeois, manants, gens d'épée, gens de robe, se portèrent en masse à la rencontre des troupes royales, jusqu'à une demi-lieue de la ville, dans la pensée de calmer l'irritation et la colère de leur chef.

L'attitude respectueuse et les humbles prévenances des premiers Ordres de la ville promettant entière soumission aux injonctions du Commandant, les éloges qu'ils surent habilement lui faire agréer sur ses vertus civiles et militaires, gagnèrent ses bonnes grâces. Il les accueillit avec grande bonté, et les tranquillisa sur le but de la mission qui lui était confiée. Le sieur de Vieilleville tenait en haute estime Charles de Bourbon, Cardinal de Vendôme, alors Évêque de Saintes, celui-là même qui fut porté au trône de France sous le nom de Charles X, après la mort de Henri III. En considération de M. de

Saintes, le Sieur de Vieilleville avait demandé de tenir garnison dans cette ville.

La foule, rassurée, passa de la frayeur à l'allégresse, et conduisit en triomphe jusqu'à la ville le capitaine et ceux qu'il commandait. L'entrée des troupes dans la cité Santone eut lieu au milieu des acclamations de la multitude. On était heureux aussi de recevoir en garnison les lansquenets, presque tous gentilshommes ou cadets de famille qui passaient la mauvaise saison dans leurs terres ; tandis que les fantassins, en général gens de roture, restaient constamment chez les habitants qu'ils pressuraient.

Le Connétable de Montmorency, sur les instances de M. de Vieilleville, fit savoir qu'il oublierait la révolte de Saintes, et demanderait au Roi la grâce de la ville rebelle.

M. de Vieilleville demeura plusieurs semaines à Saintes, au milieu des « bonnes chères et des plus joyeux passe-temps ». Son hôtel devint le rendez-vous des seigneurs de la Province qui arrivèrent entourés d'un nombreux cortége de gentilshommes ; des fêtes brillantes furent données ; il y eut dans une semaine onze courses de bagues, dont les prix étaient décernés par les plus belles dames et demoiselles du pays, et le héros de ces joutes galantes, M. de Vieilleville, gagna, à lui seul, quatre bagues et quitta la cité, emportant le plus gai, le plus aimable souvenir de l'hospitalité qu'il y avait reçue.

Cet épisode de plaisir, de joie et de galanterie nous a paru mériter d'être rappelé, par le contraste qu'il offre avec les scènes de deuil et de sang qui l'avaient précédé, et aussi par le jour qu'il jette sur les mœurs douces et accueillantes de la ville de Saintes au milieu du XVIe siècle.

C'est dans ces circonstances, et grâce au caractère particulier que prit la visite du commandant de Vieilleville, que Palissy eut l'heureuse fortune de connaître le Connétable de Montmorency lors de son passage à Saintes.

Le Connétable sut apprécier le génie du potier, et lui fit la commande d'une de ces *grottes rustiques* dont la description se trouve dans la *Recepte véritable*, et de plusieurs ouvrages d'art pour son château d'Ecouen, à l'ornementation duquel travaillaient déjà Jean Goujon, Dullant et Paul Ponce. Indépendamment de ces commandes, le duc de **Montmorency** fit construire à Saintes un atelier pour Palissy.

Cependant, et dès l'année 1545, la Réforme avait gagné la Saintonge. Au commencement du XVI⁰ siècle et à la suite des abus qui s'étaient glissés dans l'Eglise, ce mot de réforme avait été prononcé. Il l'avait été par l'Eglise elle-même au concile de Constance. Et les premiers prédicants, respectant le dogme, ne déclarant pas la guerre au catholicisme, s'en prenaient seulement aux vices des hommes, aux scandales qui désolaient cette époque. Mais les réclamations perdirent bientôt ce caractère légitime, et le mot terrible prononcé par St-Paul au début du christianisme « *oportet hœreses esse* » devait de nouveau recevoir une triste application. Les abus et les scandales continuant et se développant, il devint nécessaire que cette contradiction éclatante à la vérité, qui s'appelle l'hérésie, apparût et prit un corps sous le nom de protestantisme, afin que s'attaquant aux points vulnérables des institutions religieuses, et les mettant à nu, elle contraignît l'Eglise à se dégager des ombres qui pouvaient ternir son éclat divin, c'est-à-dire des abus. L'Eglise en effet n'a pas succombé ; elle a rejeté la fausse réforme que lui offrait Luther et Calvin; elle a pansé et guéri elle-même ses blessures et ses plaies.

Sous François I⁰ʳ l'hérésie commençait à peine en Saintonge ; elle s'y développa rapidement sous Henri II, favorisée par les mécontentements et les révoltes occasionnés par l'impôt du sel. Et elle s'y présenta sous les dehors les plus modestes, attaquant les bénéfices, les prébendes, les dimes et les charges qui grevaient les paysans, et ne prenant aucun air révolutionnaire. C'est à ce piège trompeur que fut pris Bernard Palissy. Son esprit honnête crut entendre la voix de la vérité, en écoutant ceux qui, en apparence et tout d'abord ne demandaient que le redressement de réels abus. — Puis, la naïve simplicité de son âme d'artiste lui fit prêter une oreille bienveillante aux enseignements des novateurs. Esprit curieux et chercheur, peu enclin à suivre les sentiers battus, et les règles admises, mécontent de Dieu et des hommes, de Dieu qui tardait à lui dévoiler ses secrets, des hommes qui raillaient ses efforts et condamnaient ses ruineux essais ; éloigné depuis longues années du foyer de ses pères et des enseignements de la famille; pauvre et malheureux dans son intérieur, il suivit volontiers ces hommes nouveaux qui prêchaient la concorde et la paix, et chez lesquels il trouvait comme chez lui-même le mystère, la pauvreté et les persécutions. Peu instruit d'ailleurs, il ne pouvait reconnaître le vide et l'inanité de la prétendue réforme, ni pressentir les divisions sans nombre qui se cachaient sous les doctrines de ces nouveaux apôtres qui prêchaient l'unité et le retour aux vieilles et primitives vertus du christianisme.

Calvin lui-même apporta en Saintonge l'enseignement nouveau, et dès 1546 Palissy était huguenot. Il nous donne dans sa *recepte véritable* d'intéressants détails sur la marche du protestantisme dans ces contrées, sur les difficultés que rencontraient les prédicants, sur les ruses qu'ils mettaient en usage « quelques uns d'eux se faisant colporteurs de petits affiquets pour les dames, caschans au fond de leurs balles ces petits livres dont ils faisaient présent aux filles, mais c'estoit à la derrobée, comme d'une chose qu'ils tenaient bien rare, pour en donner le goust meilleur. »

Devenus les plus nombreux et les plus forts, les Huguenots se laissèrent aller, en Saintonge, à toutes sortes d'excès et de violences ; ils entrèrent à Saintes par trahison, pillèrent et dévastèrent ses vieilles basiliques et les convertirent en temples réformés. Mais les Catholiques s'organisèrent à leur tour et songèrent à la résistance : « La fureur des Huguenots, dit Henri Martin, fournit à leurs ennemis de cruelles armes, la soif du sang et de la vengeance dévorait les populations catholiques à l'aspect et au récit de tant de sacrilèges ; l'indignation gagnait les hommes les plus étrangers aux superstitions, les plus disposés naguères à seconder les novateurs contre les abus de l'Église ; une partie des gens du peuple qui avaient participé aux profanations par entraînement et par esprit de désastre, eurent bientôt horreur de leur ouvrage. La masse catholique, d'abord étourdie et surprise, commençait de s'organiser à son tour. »

Les Saintais firent comme on faisait partout : ils chassèrent les nouveaux apôtres qui prêchaient la paix et l'union par l'incendie et le massacre.

Au cours de ces représailles on se souvint que l'atelier du potier avait servi de lieu de réunion aux assemblées des réformés ; l'artiste fut oublié pour ne laisser en vue que l'ardent huguenot; des menaces se firent entendre et, pour le mettre à l'abri, le duc de Montpensier, gouverneur général de l'Aquitaine, lui accorda une sauvegarde et déclara son atelier lieu de franchise.

Un édit d'Henri II avait recommandé aux Cours de Justice de déployer la plus grande sévérité contre les protestants ; ces lettres patentes avaient été un peu oubliées ; les excès les firent remettre en mémoire, et le parlement de Bordeaux venait d'en ordonner la rigoureuse exécution dans toute l'étendue de son ressort ; le Présidial de Saintes dut se conformer à ces injonctions et, d'après ses ordres et malgré la sauvegarde du duc de Montpensier, malgré la protection du duc de Montmorency, Palissy fut appréhendé et mis en prison. De nombreuses et puissantes sollicitations intervinrent pour obtenir sa mise en liberté ; ce fut en vain, son arrestation fut maintenue. Cependant et peut-être pour tenir compte dans la mesure du possible de ces hautes recommandations, le prisonnier fut, sans bruit, et au milieu de la nuit transféré de Saintes à Bordeaux. C'est là que la protection du duc de Montmorency se réservait de l'aller chercher. Il obtint de Catherine de Médicis pour Palissy le brevet d'*inventeur des rustiques figulines du roi*. Faisant dès lors partie de la maison royale, il échappait à la juridiction du Parlement de Bordeaux. — Son génie lui avait rendu la liberté. Il retourna à son atelier de Saintes, et nous l'y retrouvons entouré d'amis d'élite.

C'est alors qu'il songea à publier ses idées, et qu'il commença la composition des traités qu'il nous a laissés. Le premier parut en 1563. Il fut écrit à Saintes, et imprimé à La Rochelle ; son titre ne manque ni d'originalité, ni de longueur : *Recepte véritable par laquelle tous les hommes de France pourront apprendre à multiplier et à augmenter leurs thrésors. Item, ceux qui n'ont jamais eu cognoissance des lettres pourront apprendre une philosophie nécessaire à tous les habitants de la terre. Item, en ce livre est contenu le dessein d'un jardin autant délectable et d'utile invention qu'il en fut onques veu. Item, le dessein et l'ordonnance d'une ville de forteresse, la plus imprenable qu'homme ouyt jamais parler ; composé par Maistre Bernard Palissy, ouvrier de terre, et inventeur des rustiques figulines du Roi, et de Monseigneur le duc de Montmorency, pair et connestable de France ;*

demeurant en la ville de Xaintes. — La Rochelle — de l'imprimerie de Barthélemy Berton, 1563.

On chercherait vainement dans cet ouvrage de l'ouvrier de terre un plan parfaitement arrêté ; c'est plutôt une causerie scientifique sur l'Agriculture, sur quelques problêmes de chimie et de physique théorique et pratique, sur un jardin fameux dont la description détaillée fait l'objet principal de ce traité ; sur l'histoire de la religion réformée à Saintes, et enfin sur le plan de la ville de forteresse. — L'ouvrage est en forme de dialogue ; le style est remarquable de finesse, de naturel et d'énergie.

Les agronomes de nos jours ne peuvent tirer qu'un parti excellent des conseils de l'écrivain du XVI⁰ siècle sur les engrais, sur la manière de les conserver en utilisant leurs principes fertilisants, et M. Chevreul dit à ce sujet : « Bernard Palissy est tout à fait au dessus de son siècle par ses observations sur l'Agriculture et la physique du globe. Leur variété prouve la fécondité de son esprit ; en même temps que la manière dont il envisage certains sujets, montre en lui la faculté d'approfondir la connaissance des choses. Enfin la nouveauté de la plupart de ses observations témoigne de l'originalité de sa pensée. »

Puis vient la description du jardin délectable, traduction vivante du beau psaume de David : Benedic, anima mea, domino ; Domine, deus meus, magnificatus es vehementer .... « Je veux, dit Palissy, ériger mon jardin sur le psaume 104, là où le prophète descrit les œuvres excellentes et merveilleuses de Dieu, et en les contemplant, il s'humilie devant luy, et commande à son âme de louer le Seigneur en toutes ses merveilles. Je veux aussi édifier ce iardin admirable, afin de donner aux hommes occasion de se rendre amateurs du cultivement de la terre, et de laisser toutes occupations ou délices vicieux, et mauvais trafics, pour s'amuser au cultivement de la terre. »

Et pendant que sa plume se complait à la description de son jardin délectable, son âme s'élève et se transporte à la pensée des merveilles de la création, et de la toute puissance du vivant des vivants : « J'aperceu, dit-il, certains arbres fruitiers, qu'ils semblaient qu'ils eûssent quelque cognoissance ; car ils estoyent soigneux de garder leurs fruits, comme la mère son petit enfant, et entre les autres j'aperceu la vigne, les concombres et ponpons qui s'estoient fait certaines

feuilles, desquelles ils couvroyent leurs fruits, craignant que le chaud
ne les endommageast .... lesquelles choses me donnaient occasion de
tomber sur ma face, et adorer le vivans des vivans, qui a fait telle
chose pour l'utilité et service de l'homme. Je sortois du iardin pour
m'aller pourmener à la prée, qui estoit du côté du sud ; je uoyois
iouër, gambader et penader certains agneaux, moutons, brebis, cheures
et cheureaux, en ruant et sautelant, en faisant plusieurs gestes et
mines estranges, et mesmement me sembloit que ie prenois grand
plaisir à voir certaines brebis vieilles et morueuses, lesquelles sentent
le temps nouveau, et ayant laissé leurs vielles robes, elles faysoient
mille sauts et gambades en ladite prée. »

Son esprit satirique et mordant ne l'abandonne point au milieu de
cette gracieuse pastorale ; il se donne en passant carrière contre certains abus de son temps ; il flagelle impitoyablement un limousin peu
délicat qui, voyant que les pauvres n'étaient en rien prisés, et voulant
ne pas être pauvre, quoiqu'il pût advenir, achetait à La Rochelle de
bon poivre à 35 sous la livre, pour le revendre 17 sous à la foire de
Niort, et faisoit ainsi par des mélanges plus habiles qu'honnêtes, un
commerce fort avantageux !

Il n'a garde de laisser dans l'ombre le luxe des belles Saintongeaises,
leur amour pour les brilantes toilettes, et prenant à partie la femme
d'un sénéchal de longue robe, il la réprimande vertement « d'avoir
prins une verdugale pour dilater ses robes en telles sortes que peu
s'en faust qu'elle ne montrât ses honteuses parties. •

Après la satire, la médecine : il étudie les folies des hommes, et il
promet pour les guérir une recette qui n'a pas produit les effets heureux qu'il en espérait : » Si ie cognois ce mien second liure être ap-
prouué par gens à ce cognoissans, ie mettray en lumière ce troisième
liure que ie feray cy après, lequel traitera du palais et plate-forme de
refuge, des diverses espèces de terres, tant des argileuses que des
autres ; aussi sera parlé de la Merle (Marne) qui sert à fumer les
autres terres .... Item, sera parlé de la mesure de vaisseaux antiques,
aussi des esmails, des feux, des accidents qui surviennent par le feu,
de la manière de calciner et sublimer par divers moyens, dont les
fourneaux seront figurés audit liure. Après que j'aurai érigé mes
fourneaux alchimistals, ie prendray la ceruelle de plusieurs qualitez

de personnes, pour examiner et sçavoir la cause d'un si grand nombre de folies qu'ils ont en la teste, afin de faire un troisième liure, auquel seront contenus les remèdes et receptes pour guérir leurs pernicieuses folies. »

C'est ici que se place un événement important dans la vie de Palissy, la présence du roi Charles IX et de Catherine de Médicis dans la ville de Saintes, en l'année 1565. La Cour, venant de Bordeaux, se rendait à La Rochelle pour y calmer l'irritation causée par les réclamations des calvinistes. Le duc de Montmorency présenta le célèbre potier à la Reine qui put admirer à loisir les belles créations qui ornaient alors l'atelier de Palissy.

L'année suivante, Catherine, qui songeait au palais des Tuileries, son œuvre favorite, se souvint du grand artiste et le manda à Paris.

C'est à la fin de 1566 que Palissy quitta, pour n'y plus revenir, la ville de Saintes, cette patrie d'adoption où il avait tant et si longtemps souffert et qu'il a illustrée de son génie. Sa statue s'élève sur l'une des places de la Cité, hommage rendu à sa glorieuse mémoire, et enseignement donné aux générations nouvelles, qui apprennent ainsi quel est le prix du travail !

Charles IX venait de poser la première pierre du château des Tuileries, dont l'exécution était confiée à Philibert Delorme assisté de Jean Bullant. Le potier reçut la mission d'établir dans le jardin une grotte merveilleuse, dont il ne demeure malheureusement aucun vestige aujourd'hui, et que l'on suppose avoir été établie au commencement de la terrasse actuelle des Feuillants. Et dans les états de dépense de la reine Catherine de Médicis pour l'année 1570, on voit figurer le paiement de 400 livres tournois fait à Bernard et à ses fils, qui travaillaient sous ses ordres : « Autre dépense faicte par cedit présent comptable à cause de la grotte émaillée. Paiement fait à cause de ladite grotte en vertu des ordonnances particulières de la dame du Péron : à Bernard, Nicolas et Mathurin Palissis, sculpteurs en terre, la somme de 400 livres tournois à eux ordonnée par ladite dame du Péron en son ordonnance signée de sa main, le 22 janvier 1570, sur et tant moins, de la somme de 2,500 livres tournois, pour tous les ouvrages de terre cuite émaillée qui restaient à faire pour parfaire et parachever les quatre pons au pourtour de dedans la grotte encommencée pour la royne en son palais, à Paris, suivant le marché fait avec eux, selon et ainsi qu'il est plus au long contenu et éclairé en ladite ordonnance, par vertu de laquelle paiement a été fait comptant au dessus dicts, ainsi qu'il appert par leur quittance pardevant lesdits Vassarts et Yvert, notaires, le 22 février audist an 1570, escripte au bas de ladicte ordonnance cy rendue, etc. » d'autres mémoires, de la même année, constatent de nouveaux paiements faits à Palissy pour cette grotte.

On a dit que Palissy avait habité les Tuileries avant les Souverains de la France ! Ce qui parait certain, c'est qu'il s'est établi, au moins provisoirement, près de sa grotte et des fours qu'il y avait fait installer ; c'est aussi qu'il est connu sous le nom de *Bernard des Tuilleries*, et qu'un de ses contemporains le qualifie de *gouverneur des Tuileries* ; il voulait dire le directeur des travaux artistiques qui s'y exécutaient. Plus tard, Palissy aurait fixé sa demeure dans la petite rue Taranne, qui porte aujourd'hui son nom.

Cependant, l'horrible nuit du 24 août 1572 a sonné ! Charles IX a signé l'ordre du massacre des huguenots ! Troublé par les fantômes et les terreurs que l'on a agités devant lui, il s'est décidé à ce carnage odieux et inutile ! L'amiral de Coligny vient d'être égorgé, et avec lui une foule de protestants. Cette action exécrable, suivant l'expression de Peréfixe, évêque de Rodez, ce crime *italien*, ainsi que le qualifie Mezeray, vient d'être commis ! Ce crime dont le roi et sa mère ont pour une grande partie la responsabilité, mais dont le véritable auteur fut le fanatisme du peuple, qui demandait la mort des réformés, comme la populace de Rome demandait le sang des chrétiens.

Mais, pour l'honneur de la France, un grand nombre de gouverneurs et de généraux ont refusé d'obéir : « Sire, écrivait au roi le vicomte d'Orthez, gouverneur de Bayonne, j'ai communiqué le commandement de Votre Majesté à ses habitants et gens de guerre de la garnison ; je n'ai trouvé que de bons citoyens et de fermes soldats, mais pas un bourreau. C'est pourquoi eux et moi supplions très humblement Votre Majesté de vouloir employer en chose possible, quelque hasardeuse qu'elle soit, nos bras et nos vies. »

On vit des Evêques, dit Filon dans son histoire de l'Europe au XVI⁶ siècle, apôtres de charité, faire de leur palais épiscopal un lieu de refuge pour les réformés.

Palissy à échappé au poignard ; comme Jean Goujon, sans doute, il a été prévenu par Catherine de Médicis de ne pas quitter sa demeure. Mais le séjour de Paris ne lui inspire pas de confiance ; il quitte ses émaux, pour aller se réfugier chez le Prince de Sedan, Henri Robert de la Mark, duc de Bouillon, qui avait épousé la fille du duc de Montpensier, l'un des protecteurs du grand céramiste.

En 1575, nous retrouvons Palissy à Paris — Des affiches, placardées dans les carrefours, annoncent au public que « Maistre Bernard Palissy, l'inventeur des rustiques figulines du roi et de la reine, sa mère, expliquerait tout ce qu'il savait des fontaines, métaux et autres natures. » Le prix d'entrée était d'un écu ; et il était dit que si ses paroles étaient trouvées fausses en quelque endroit, il rendrait le quadruple de ce prix. — Parole de désintéressement et de confiance en soi !

Les eaux et fontaines formèrent le sujet de la première conférence : Un auditoire d'élite se pressait au pied de la chaire du savant, tous les médecins distingués du temps s'y étaient donné rendez-vous, et à leur tête Ambroise Paré. Palissy établit dans cette première leçon la supériorité des eaux des fontaines sur toutes les autres ; à l'appui de son enseignement il put montrer au public qui l'entourait une riche collection de minéralogie et d'histoire naturelle, fruit de ses longs voyages et de ses patientes recherches.

Ces cours se continuèrent pendant près de 10 ans, jusqu'en 1584 ou 1585 : Le professeur était alors âgé de près de 80 ans. — Il traita successivement de la nature et de l'origine des métaux, ce qui lui permit de s'expliquer sur l'alchimie et sur l'or potable ; des glaces et de leur formation ; des sels, des pierres, des pétrifications, de l'argile et de la Marne.

C'est au milieu de ces leçons, en 1580, que Palissy fit imprimer à Paris le seond de ses ouvrages, dédié au Sire de Ponts, l'un de ses protecteurs ; il a pour titre : « Discours admirables de la nature des eaux et fontaines, tant naturelles qu'artificielles, des métaux, des sels et salines, des pierres, des terres, du feu et des émaux ; avec plusieurs autres excellents secrets des choses naturelles. Plus, un traité de la marne, fort utile et nécessaire à ceux qui se mellent de l'Agriculture. Le tout dressé par dialogues, èsquels sont introduits la Théorique et la Pratique. Par Me Bernard Palissy, inventeur des rustiques figulines du Roy et de la Royne, sa mère. Un volume in-8°, à Paris, chez Martin le Jeune, à l'enseigne du Serpent, devant le collége de Cambrai. 1580.

Onze points sont étudiés dans cet ouvrage ; tous du domaine de la physique et de la chimie ; ce sont ceux qui faisaient l'objet de ses cours publics ; le dixième est intitulé de l'art de terre, de son utilité ; des émaux et du feu ; c'est à ce traité que nous avons emprunté les détails pleins d'intérêt que Palissy nous a laissés sur ses mémorables essais.

Son esprit observateur a découvert et mis en lumière dans ce livre plusieurs lois de la nature jusqu'alors inconnues ; il a eu l'idée première des puits artésiens : « En plusieurs lieux, dit-il, les pierres sont fort tendres et singulièrement quand elles sont encore en la terre ; parquoy me semble quand une tarière torcière les perceroit aisément, et après la torcière on pourroit mettre l'autre tarière, et par tel moyen on pourroit trouver des terres de Marne, voire des eaux pour faire puits, laquelle bien souvent pourroit monter plus haut que le lieu où la pointe de la tarière les aura trouvées. »

Ailleurs, il constate la force de la vapeur : Veux-tu que je te dise le livre des philosophes où j'ay appris ces beaux secrets ? Ce n'a esté qu'un chauderon à demy plein d'eau, lequel en bouillant quand l'eau estoit un peu aprement poussée par la chaleur du cul du chauderon, elle se souslevoit jusques pardessus ledit chaudron ; et cela ne se pouvoit faire qu'il n'y eust quelque vent engendré dedans l'eau par la vertu du feu ; d'autant que le chauderon n'estoit qu'à demy plein d'eau quand elle estoit froide, et estoit plein quand elle estoit chaude. » .... Et plus loin : « Quand un vaisseau de terre, ou quelque métail que ce soit serait aussi espois qu'une montagne, et qu'il y ait quelque matière spirituelle ou exalative au dedans dudit vaisseau, il faut nécessairement que ledit vaisseau crève s'il est touché par le feu, sçavoir est si ledit vaisseau a quelque trou pour servir de fuite à la matière spirituelle ou exalative qui sera dedans. »

Ses idées sur la naissance et la formation des métaux sont remarquables ; Il les considère tous comme tenus originairement en dissolution dans l'eau ; dans cet état, ils sont soumis à l'action d'une force qui vient les arracher à l'oisiveté de la matière : « Et estant entremeslées parmi les eaux, il y a quelque matière supresme qui attire les autres qui sont de sa nature pour se former. »

Cependant Henri III, par le traité de 1576, avait octroyé aux protestestants le libre exercice de leur religion dans toute la France, sauf à Paris. Il leur avait donné une chambre mi-partie dans chaque parlement, et plusieurs villes de sûreté : Saumur, Mézières, Angoulême, Niort, La Charité et Bourges.

De ce traité sortit en 1577 l'*Union ou Sainte Ligue*, dout le but était de défendre la religion catholique, de remettre les provinces aux mêmes droits, franchises et libertés, qu'elles avaient au temps de Clovis, de procéder contre ceux qui persécuteraient l'Union, sans acception de personne, enfin de rendre prompte obéissance et fidèle service au chef qui serait nommé. Quiconque refuserait ou différerait d'entrer dans l'association serait réputé ennemi de Dieu, déserteur de sa foi, rebelle au roi, traître à la patrie, et comme tel abandonné de tous, et poursuivi les armes à la main.

La ligue se répandit rapidement dans toutes les villes, et quiconque était soupçonné, non-seulement d'hostilité, mais même d'indifférence pour le salut de la foi, était molesté, poursuivi, appréhendé.

Palissy fut arrêté. C'était en 1587 ; son procès traina en longueur, et ce n'est qu'en 1589 ou 1590 qu'il mourut à la Bastille. « En ce même an 1590, dit Pierre de l'Estoile, mourust aux cachots de la Bastille de Bussi Maistre Bernard Palissy, prisonnier pour la religion, agé de 80 ans, et mourut de misère, nécessité et mauvais traitements, et avec lui trois autres personnes détenues prisonnières pour la même cause de religion, que la faim et la vermine estranglèrent. Ce bon homme en mourant me laissa une pierre qu'il appeloit la pierre philosophale, qu'il assuroit estre une teste de mort, que la longueur du temps avoit convertie en pierre, avec une autre qui lui servait à travailler en ces ouvrages ; lesquelles deux pierres sont en mon cabinet, que j'aime et garde soigneusement en mémoire de ce bon vieillard que j'ai aimé et soulagé en sa nécessité, non comme j'eusse bien voulu, mais comme j'ai pu. La tante de ce bon homme qui m'apporta lesdites pierres, y estant retournée le lendemain voir comme il se portoit, trouva qu'il estoit mort ; et lui dit Bussi que si elle le voulait voir, elle le trouverait avec ses chiens sur le rempart, où il l'avoit fait traisner comme un chien qu'il estoit. »

D'Aubigné, dans la Confession de Sancy, entre dans plus de détails sur les derniers jours du prisonnier : « Il y avoit alors, dit-il, quelques prisonniers pour le fait de la religion, desquels on voulut que le duc de Mayenne sollicitast la mort, comme avoit fait lors des barricades le duc de Guise, son frère, en la personne des deux filles de Sureau, mais il refusa cet office tant selon son naturel que pour avoir veu la réputation de son frère en avoir été tachée en un siècle désacoustumé aux bruslements, pour marque de quoi il estoit advenu à la mort de ces deux que le peuple les trouvant belles, et un vieillard aïant monté sur une boutique pour s'escrier : elles vont devant Dieu ! le peuple au lieu de sauter au colet de cet homme, répondit par quelques gémissements. Launai, autrefois ministre, et maintenant un des Seize, sollicitoit qu'on menast au spectacle public le vieux Bernard, premier inventeur de poteries excellentes, mais le duc fit prolonger son procès, et l'âge de 90 ans qu'il avoit en fit l'office à la Bastille. Encor ne puis-je laisser aller ce personnage sans vous dire comment le roi dernier mort lui ayant dit : « Mon bonhomme si vous ne vous accomodez pour le fait de la religion, je suis contraint de vous laisser entre les mains de mes ennemis, » la réponse fut : « Sire, j'estois bien tant prest de donner ma vie pour la gloire de Dieu ; si c'eust été avec quelque regret, certes il seroit esteint en aïant ouï prononcer à mon grand roi : Je suis contraint. C'est que vous et ceux qui vous contraignent ne pourrez jamais sur moi, parce que je sais mourir. »

Ainsi s'éteignit dans un cachot, à l'âge de 90 ans, l'homme illustre dont la vie avait été si laborieuse et si tourmentée. Aucun ami ne put sauver le grand artiste ; sa gloire si pure, si chèrement acquise, ne lui servit de rien au milieu des discordes de la patrie, Il mourut comme il avait vécu, dans la misère et la persécution ; il mourut dans l'obscucurité et presque inconnu à côté de ces créations merveilleuses que la postérité devait admirer, et il a fallu de longues années pour que la justice due à son mérite lui fût rendue.

Son œuvre doit être envisagée sous deux aspects différents, celui de l'art et celui de l'économie domestique. Sous le premier rapport, cet ouvrier de génie, avec qui Dieu avait partagé sa puissance créatrice, nous a laissé des chefs-d'œuvre de céramique : ils se distinguent par leur émail éclatant et dur, formé des couleurs les plus variées et les plus vives, depuis le bleu, le vert émeraude, le jaune d'ocre, jusqu'à cet inimitable violet dont le secret n'a pu être retrouvé. La forme de ses ouvrages, de ses groupes, de ses statuettes, de ses médaillons, de ses plaques d'applique, de ses animaux, de ses socles, de ses aiguières, de ses brocs, de ses flambeaux, de ses écritoires, de ses saucières, de ses salières, de ses corbeilles, de ses grands plats circulaires ou ovales, dits de rustiques figulines, de ses soucoupes, la forme de tous ces ouvrages est aussi remarquable que leur coloris ; elle atteste la fécondité du génie et la pureté du goût. Les motifs de décoration surtout témoignent de l'originalité du talent de l'auteur, de la richesse de son imagination. Ici ce sont des sujets empruntés à l'histoire, à la mythologie ; là ce sont des surmoulages d'objets naturels, de serpents d'eau, de poissons, de sauriens dormant dans le lit d'un ruisseau ou sur un fond de feuillages ou d'algues marines, le tout entouré des feuilles les plus délicates, les mieux imitées, et d'une extrème variété. Les feuilles du fraisier, du chêne, de la fougère, de la mâche, de la chicorée sauvage, du houx, du rosier, du groseiller, s'y reconnaissent à côté de celles du cerisier, du pourpier, du lierre, du laurier, de la vigne, et mille autres qu'il serait trop long d'énumérer ici. Au milieu de ces feuillages si finement, si gracieusement moulés, se jouent des lézards, des coléoptères, des libellules, des taons, des grenouilles, des écrevisses, des scarabées aux nuances les plus vives, des coquillages de toute forme, des fleurs, des nids et des oiseaux. Du reste, ces merveilles de bon goût ne sauraient se décrire ; il faut voir par soi-même et admirer l'harmonieux ensemble de ces délicieuses compositions, le charme et la vérité des détails, la beauté, la variété, l'art exquis des nuances et le brillant des couleurs. Chefs-d'œuvre rares aujourd'hui, que les musées et les riches collections se disputent à prix d'or ! Le Musée du Louvre qui en 1825 avait à peine une collection de terres émaillées françaises, possède en ce moment environ deux cents objets sortis des ateliers de Palissy, et une très grande partie de ces pièces, et des plus remarquables à tous égards, provient de l'acquisition faite en 1856 de la riche collection Sauvageot.

Tel est le côté artistique de l'héritage de Bernard Palissy. Il est grand et permet de dire que ce beau génie est une des gloires les plus pures de notre XVIe siècle.

Mais l'œuvre de Bernard Palissy n'est pas seulement dans ses créations artistiques ; elle est plus étendue, plus féconde ; elle n'a pas seulement brillé du plus vif éclat dans le domaine de l'art et du beau ; elle est entrée dans celui de l'utile. L'économie domestique salue en lui l'inventeur de l'émail et de la faïence. Avant lui, la France n'avait pas d'autres ressources de vaisselle que le métal ou la poterie commune et grossière. Cette poterie, cette brique, revêtue d'une couche d'émail, est devenue plus élégante et moins perméable aux liquides de toute sorte. L'humanité s'est ainsi enrichie d'un produit nouveau, qui, depuis le jour où la faïence a pu être émaillée à bon marché, a rendu les plus grands services.

Amiens. — Typographie DELATTRE-LENOEL, rue des Rabuissons, 32.